社会の苦痛と共に歩む
教会をめざして

イエス・キリストによって導かれる教会形成とは

鶴ヶ岡 裕一
［著］

キリスト新聞社

目次

凡例

本文中の聖書の引用は、『聖書　新共同訳』（日本聖書協会）と、本田哲郎訳『小さくされた人々のための福音』『パウロの書簡』（新世社）を用いました。以下、「新共同訳」「本田訳聖書」と表記します。

はじめに

社会的に立場を小さく弱くされてきた人々と共に歩み、連帯し、そして現在もそのことによって多くのことを学ばせてもらってきている者として、改めて、信仰とは、牧師とは、そして教会とは何かを問い直してみたいと思った。

えてして教会にいると、教会の現在や将来のことしか考えられなくなったり、または、自分の癒しのためだけの教会という位置づけしか出来なくなったりしている面があるのではないだろうか。そういう意味において私たちは、信仰の対象としてのキリストという側面と、歴史上のイエスがどういう人たちと関わって活動したのかという史的イエスという側面の両面から、教会の歩みを吟味していく必要があると思う。

第一章においては、教会は社会の中にある存在であり、ひとつだけポツンと存立しているのではないということを述べさせてもらった。また、第二章では、自分の働いた現場や奉仕させてもらった現場で学ばされた二つの出来事（社会的課題）を述べさせてもらった。そして、第三章では、その社会的課題を具体的に実践している方々の事例に学んだこと等を述べさせてもらい、第四章で、イエス・キリストに導かれる教会形成としてまとめとさせてもらった。

ところで、第二章には、現在の社会的課題について書いたが、もちろん言うまでもなく、現在の社会的課題は、数え切れないほど多くの分野に存在しているので、その全てについて語ることは出来ない。それほど、「教会」の周りには多くの課題や問題が山積しているのである。私は、そのことを語るために、微力ながらもまず自分の関係してきた出来事の一部（二つの分野のこと）を述べさせてもらおうと思った次第である。

まず、ハンセン病のことについてであるが、自分の鹿児島の実家の近くに星塚敬愛園[1]という療養所があったということが、療養所の人たちと出会う環境的きっかけだったといえる。しかし、歴史的に激しく差別されてきた療養所の人たちに対して、地元の人たちの多くも、同様に差別し見下げてきた経緯がある。戦中から戦後の長い間、非常に監視の厳しい療養所を無断で抜け出して「映画」を見たり「買い物」を楽しんだりする人たちがいた。ところが、後遺症故にそれと分かり、市民から警察や療養所に通報されたり、からかわれ嘲笑されることも多かった。それがばれて療養所に帰っても、園内の監禁牢に閉じ込められて罰を受けることも多かったようである。

三二年ほど前、当時通っていた教会の一人の熱心な信者さんに連れられて、初めて星塚敬愛園内の

「恵生教会」に行った。畳敷きの教会では、手足を包帯で巻いた方々や、後遺症の重い方々、視覚障がいの方々が熱心に礼拝し、祈っておられる姿に出会った。それ以降、信仰心の篤い数名の方々の自宅（園内の夫婦舎や独身舎などの家に居住されていたので）を直接訪ねて、療養所の歴史のことやハンセン病のことをはじめ、広く社会問題等についても意見を交換するような話し合いをしてきた。外側からは「差別」された地域であっても、その内側に入ったら、大変な読書量と豊かな感性をもった方々がいることがはっきりと分かったのである。そして、そのように話し合って、帰る時には必ず、お互いの身の上のことや平和や人権のことを祈り合って帰るのが習慣になっていた。筆者が、らい予防法廃止の翌年に書かせてもらった詩「時の響きて」(2)は、そのような濃密な人間関係があったからこそ出来上がったのだと思う。園外では激しい差別・迫害に遭い、園内では強制労働等の人間以下の取り扱いをされてきた方々が、神からの力を受け、国や国会や社会の間違いをただして勝訴した「らい予防法違憲国家賠償訴訟」は、特記されるべきことだと思う。神さまは、小さくされてきた人々の側に立つ方であり、福音を信じて歩ませる方であるということをまざまざと目撃し、実感させられてきているのである。

ちょうど今から一九～二〇年前のことであろうか。関西で用事を済ませて、かねてから関心を持っていた釜ヶ崎(3)に立ち寄った。直接、本田哲郎神父(4)のおられる「ふるさとの家」に行ったが、その日は、本田神父は外出していておられず、隣にあった「修繕の家」（シスターたちが釜ヶ崎の労働者たちのために修繕をする家）で少し話を聴いて、自分のバッグも修繕して頂いた。

その時、「ふるさとの家」の張り紙やチラシ等を読んだり、シスターたちから聞いたことの一つが衝撃的だった。つまり、釜ヶ崎やその近辺で野宿を余儀なくされている人たちがいるが、その人たちの一部は、近くの小学校の周りにも寝泊まりしていたようである。ある時、その小学校は策を練り、学校を囲む塀に五〇センチメートル間隔だったろうか、水道水が噴出する仕組みを作っていつでも水を飛ばして、野宿者が回りに寝泊まり出来ないようにしたことがあった。これには、当事者は言うまでもなく支援者の人たちもかんかんに怒って、学校や教育委員会とも話し合いをしたようである。学校の中でも、良心的な教員は「なぜ、あのおじさんたちはこのようにしているのか」という理由を子どもたちに教えていたようであるが、そうでない教員や保護者たちは、「汚い・怖い・臭い」という理由で排除することとしか考えていなかったようである。

そのような出来事をきっかけにして、私は、釜ヶ崎などのいわゆる「寄せ場」のことについての学習を始めたのである。ちょうど日本のエネルギー革命によって、それまでの石炭から石油に主力が移り、九州や北海道の炭田が相次いで閉山に追い込まれていった。そのようにして仕事を無くした人々が職を求めてやってきたのが釜ヶ崎の初期の頃のことである。しかし、現在でこそ問題にされるようになっている「派遣切り」は当時から行われていて、一旦派遣を切られた労働者たちは即座に野宿せざるを得ない状況に追い込まれていったのである。また、炭鉱で働く人たちの中には、被差別部落の出身であったり、在日という立場であったりといういわれなき理由で「差別」を受けてきた人たちが少なからずいたのも事実である。

そのような人たちが閉山によって職を失い、釜ヶ崎に来ても派遣切りに遭って野宿せざるを得ないような立場に追い込まれていたのである。限りなく立場を小さく弱くされ、限りなく貧しくされてきた方々だと思う。本田神父はその方々（の真の優しさや思いやり）にキリストを見て(5)、そして、そこで生きておられる。私がハンセン病療養所の方々に見たものと重なるものがあるのは言うまでもない。いずれにしても、そのようにして、立場を小さく弱くされてきた方々の「視点」に立って物事を見ていく（視点を変える・痛みを共感する）ということが「メタノイア」であるということを心底学ばされてきたように思う（ギリシャ語のメタノイアは、日本語聖書ではこれまで「悔い改める」と訳されてきたが、メタ〔＝変える〕ノイア〔＝視点〕は、自分中心の視点を、神の視点つまり「立場を小さく弱くされてきた人々の側に立つ」視点に変えるという意味であることに気づかされた）。

そのような出会いを背景としながら、横浜市寿地区の炊き出し活動にも参加させてもらった。とりわけ、冬場の越冬行動には、全国各地からのボランティアも集まり、一人も路上で死ぬことがないようにとの願いをもって、みんなが頑張っている。寿地区には数十軒の高いビルの簡易宿泊所が並んでいるが、多くの人たちが高齢化し、故郷とも縁が切れて、生活保護を受給しながら生活を保っている方々が多い。越冬活動の支援者たち（組合やキリスト教等の多くの団体によって構成される）は、そのような孤立しがちな方々が、年末年始の華やかで賑やかな雰囲気と自分とを比べて落ち込むことがないようにと配慮して、様々な行事や催しを行っているのである。これも、立場を小さく弱くされてきた方々に学ぶ姿勢を大事にしていることの現れである。

第二章は、そのような理由や体験を通して学んできたことを書かせてもらった。いまだに、世の中には、人が人間らしく生きるのを妨げる多くの障害がある。社会の側にある障害（制度・施策の欠如、対応の貧困）故に、痛み苦しんできた方々に謙虚に学び、「教会」はそのような「視点」に立って、本来の歩みを始めていくべきではないのか。解放（正義）と平和と喜びのあふれる社会を目指して歩むことは、並大抵のことではないし、容易なことではないが、「教会」の「灯火」は決して小さなものではないはずである。

第一章　社会の中に在る「教会」であるということ

1　教会は社会的存在

教会が、単独に、教会のみ存在しているのならば、とりわけ社会的課題とか社会問題とかいうことを考える必要はないであろう。その場合は、教会は、教会のことのみを考えていけばいいことになるのである。

しかし、もちろん、言うまでもなく教会は、社会の中に存在する社会的存在であるということは、ことさらにここで明言するまでのこともない、自明の事柄なのである。

逆に言うと教会は、社会と関わることにおいて、教会であるということも出来る。マタイによる福音書一一章二八節には、「疲れた者、重荷を負う者は、だれでもわたしのもとに来なさい。休ませてあげよう」（新共同訳）とある。この標語はよく教会の看板として掲げられているし、キリスト者ならば誰でも知っている言葉である。

ところが、筆者の体験上では、この世で本当に苦労し、難儀をしてきた人たちは、教会には中々やって来ないということも事実であるのではないかということだ。教会の敷居はとても高いということをよく聞いてきた。それは、今言われているのではなくて、ずっと以前からそのような言われ方をしてきている事柄である。もちろん、教会に来て、そして、教会員となって現在、信仰生活をしている方々も、その多くは個人的に悩みや苦労を重ねて来られた方々であることは言うまでもないことである。しかしながら、それでも、教会の敷居は高いと、人々に言わせているのはなぜなのか。このことも、これまでの私の真剣な課題の一つである。

2　キリスト教企業化？

二〇〇〇年ほどの長い歴史の中で、教会は形成されてきた。キリストを信仰の対象として、教会は「光」であり、この世は「闇」であるとする二元論的見方をしてきた歴史は長い。ところが、史的イエスを問う教会は、いまだに少ないのではなかろうか。キリスト教会は、その信仰の対象としてのキリストと、史的イエスの出来事との双方を大切にして歩むべきだと思ってきた。しかし、信仰共同体としての教会は、残念ながら、二元論的（光と闇）信仰の大切さということを重んじて、闇の世に対する（時には戦闘的な）伝道を繰り返してきたのではなかっただろうか。また、教会の中でも、いわゆるノウハウ的な信仰理解が進み、知的領域の出来事のように理解する風潮もあるのではなかろうか。ノウハウを教え込んでいく、信仰を力づくで教えていくといったことに、教えられる側は条件反射的に反応する術を覚えていくのかもしれない（もちろん、このような社会の中では、個人のアイデンティティを形成するためには、そのような反復練習も必要な側面があるかもしれないが）。現代の教会には、教団・教派を問わず、立派な先生方や信徒の方々が多数おられ、言うまでもなく、私など及びもしない力量をお持ちの方々も数え切れないほど存在されているのは確かなことだ。私は常に末席に座っているような立場でありながら（それは責任が無いということではない）も、私は、教会以外の社会的課題や社会問題に取り組むことを中心にして、自らの信仰姿勢の基盤が作られてきたように思っている。そういう意味において、例えば、「教会のためになることか、教会のためにならないことか」という天秤にかけて、「教会のためになる」ことしかしないような「教会」になっている様を、あえて「キリスト教企業化」と呼んでみた。

言い方には語弊があるかもしれない。第一、教会には、様々な仕事や会社に勤める人たちや経営者の人たちが集っている。そのような個々の事情を問題にしているのではなくて、教会そのものが、いわゆる企業的な発想をして、教会にとっての利益・不利益という価値が、他の考え方よりも優先されるような事態を招いているのではないのかという意味においての、キリスト教企業化である。確かに、教会に通う人の数も横ばいから下降ぎみとなり、財政的にも厳しい教会も増加している現在である。だから、何とかして、財政的な好転を願うのは、どこの教会においても事情は同じだろう。

しかし、ここで、あえて「キリスト教企業化」という言葉で言いたいことは、そのような財政の課題よりも、むしろ、これまでの「伝道や宣教」の歩みに対してなのである。一昔前（二昔前かもしれないし、現在もそうかもしれないが)、牧師会で重要な話題になっていたことの一つは、「何人に洗礼を授けたか」という「数」の問題であったことは、長く牧師をされている方々ならば、よくご存知の事柄であろう。だからこそ、「数」を競うためのノウハウや、技術、やり方などが研究されてきたのであろう。数多くの信者を獲得して、大教会を形成して、立派な牧師となることが目標ならば、そこ(伝道・宣教過程)における、一人ひとりの人間は、単に、伝道や宣教の「対象・道具」でしかなく、一人の人格をもった人間という見方が欠落していた側面が大きいのではないかと、大きな反省と共に指摘していきたいと思う。

経済を中心とした社会の流れに翻弄されるように教会も、「効率化」や「合理化」を重要視してきているのではなかろうか。もちろん、ここでいう教会とは、これまで筆者自身の経験してきた数々の教会や、知るに及んだ教会の一般的状況のことであり、筆者の加盟する日本バプテスト連盟のみを指して述べているのではないということは、きちんと、前置きさせておいてもらいたい。

3　教会はなぜ社会的課題と向き合わなければならないのか

教会は、社会とは関係なく存立しているのではなくて、社会の中において存在している社会的存在であるが、えてして敷居が高いと思われてきていること、そして、キリスト教企業化とも呼びうるような、教会の「損得」感覚の問題を述べてきた。

「光」である教会は、「闇」である社会に対して「教える」ことはあっても、社会から「教えられる」ことはないと思ってきた嫌いがあるような気がする。そういう意味において、教会は、社会よりも一段高いところに存在しているかのようである。そして、教会という仕組みを維持していくこと、及び、教理をとことん教え込んでいくことが、この世の闇の力に負けない唯一の方法であるかのように思い込んできているような嫌いもありはしないか。

社会の中で、とにかく、底辺の部分で生きざるを得なくされてきた人たちから見ると、そのような教会には、本能的にも近づきたくはないと思わせる何かがあるようである。何であろうか？「愛」を口にしながらも、その本質が、「力」になっているのではないか？　そして多くの信徒も、「力」を基盤にしての「愛」ということが、あたかも当たり前のことであるかのように思わせられてきている面がありはしないか？　「力」で動いている社会の中にあるからこそ、教会も、そのような「力」に伍《ご》して、「力」あるものとしていかなければならないと考えてしまうことを、もちろん、全面的に否定するものではない。そのような考え方が出てきてもおかしくはない社会状況があることも、百も承知しているところである。「力」とは、さしずめ、「財産や数」という可視的なものの総称とするならば、この世は、その「力」が支配している社会である。ゆえに、その中で、教会が生き延びるためには、どうしてもその「力」の基準に見合うような「力」というものは必要だとして、教勢拡大ということの根拠の一つを担ってきたのだと思う。

牧師も生活していかなければならない。教会そのものを維持していくのにもお金が必要である。言うまでもなく、教会は、教会として歩んでいくだけでも、財政面での備えは不可欠である。この金銭万能社会の中にあって、神の支配と共に愛を説く教会にとっては、大変生き辛い社会だということも、よく分かっているつもりである。さもなくば、押田成人神父[6]が始めたような自給自足共同体を作って生きていくしか道はなく、あるいは、教会としての福祉事業等を起こして収入を得るなど、極めて厳しい状況にあるのもよく分かっている。

この世の全ては「神の支配の下にある！」と、教会が、いくら一生懸命叫んだからとて、この世の原理（欲得）に従う多くの人たちにとって、痛くも痒くもないこととしてしか、受け止められていないのも現実ではなかろうか。それはまるで、「神の支配」と「欲の支配」とが、同一平面上にあってあい争っているようにしか理解されず（相対的理解）、目先の損得だけで動く人たちの多い社会では、大変不利な闘いをさえ強いられているようである。かといって、自給自足共同体を作って、そこで共に生活していくということも物理的にも無理な話である（例外的な場合もあるが）。戦後の、日本国憲法や教育基本法でさえ、米国や日本の経済界の意向によって大きく歪められてきたのに、キリスト教界だけが「少しも歪められていません」とは言えないだろう。ましてや、二〇〇〇年このかた、宗教戦争や植民地支配を、キリスト教の名によって正当化してきたこの宗教は、自らの過ちすら根本的に総括してきているとは言い難い現状である。

その上にあって、「伝道々々」、「宣教々々」ということのみに目を向けさせるような最近の動向は、信徒のみならず国民の目を、キリスト教の問題点から逸らさせるためであるように思えて仕方がないのである。「伝道々々」、「宣教々々」と言う前にまず、キリスト教界が為すべきことは、これまでのキリスト教の歩み（戦前・戦後の期間のみならず、それ以前の期間においても）の中での間違いや過ちを真剣に取り上げて、深く総括することではないかと思う。

そしてそれと同時に、教会は、いやが上にも、「社会的課題」と向き合わなければならない時代に入ってきているのではないかと思うのである。

「政教分離」ということを理由にして、確かに教会には、教会で政治的なことを語ることや、そもそも政治的なことそのものへのアレルギー症状的な嫌悪感を持つ人々も多い。しかし、政教分離の正確な意味は、「政府の行為」としてのそれであり、政府がいたずらに特定宗教団体に肩入れしたり、または逆に影響を受けたりすることがないようにと、戦前の間違いを繰り返さないための規定であるのである。教会は、政教分離の意味を、履き違えてはならない。

だから、ここで明らかにしておきたいことの一つは、「教会や礼拝には、一切の政治的なものは持ち込まない」という姿勢が、教会が全く政治的ではないことの証でありアピールであるように勘違いされていることである。まことに残念である。このような立場の方々が言われる「政治」は、「野党が政府を批判する内容や、社会問題になっている事柄やその用語」ということであり、教会には、そのような一切の政治的用語や事柄を持ち込んではならないことになり、ひたすら、聖書にある言葉のみをもって宣教をするということになる。しかし、そのような教会は、「一切の政治的用語や政治的事柄」に触れないので、「うちの教会は政治的ではありません」と、おそらく胸を張って語るのかもしれない。しかし、残念だが、教会も社会の一員である限り、社会的存在であるように、教会も、日本国の政治の中に存在している以上、日本国の政治とは無縁に過ごすことは出来ないのである。その方々が、「私たちは政治的ではありません」と言われ、現在の政治的状況に「黙して語らず」の姿勢を貫かれるのは勝手なことかもしれないが、しかし、それこそ、現政府の（金や数の力に頼み、平和や人権・環境を蔑《ないがし》ろにする）政治に対して「賛成」という手を挙げているのと同じことであり、十分に「政治的姿勢」ではないかと、問いたいのである。今後も、そういう教会の方々は、そのことを「認識」してもらいたいと強く願う。

「社会的課題」や「社会問題」になぜ教会は向き合わなければならないのか、ということに入る前にもう一つの事柄を問題提起しておきたいと思う。つまり、「永遠の生命」ということについてである。人間は、言うまでもなく有限の生命をもって生きているのである。教会に来て、信じる者は永遠の命を得る（ヨハネによる福音書六章四七節）ことが出来ると教えられてきたが、「有限の生命」の人間が、「永遠の生命」を得るために、信仰生活を送るということ自体が、実は、「エゴ」の延長線上にある考えなのではないかということである。自分のエゴ（自己愛）の満足をしたいがために、教会に通い、信仰生活を送るという側面が部分的にもあるのではないだろうか？　そのことも問題提起としたい。

郵便はがき

料金受取人払郵便

牛込局承認

6081

差出有効期間
2020年5月1日
まで
(切手不要)

162-8790
東京都新宿区新小川町9-1
キリスト新聞社
愛読者係 行

お買い上げくださりありがとうございます。
今後の出版企画の参考にさせていただきますので、ご記入のうえ、
ご返送くださいますようお願いいたします。

お買い上げいただいた本の題名

ご購入の動機　1. 書店で見て　2. 人にすすめられて　3. 出版案内を見て　4. 書評(　　　　　)を見て　5. 広告(　　　　　)を見て　6. ホームページ(　　　　　)を見て　7. その他(　　　　　)

ご意見、ご感想をご記入ください。

キリスト新聞社愛読者カード

ご住所　〒

お電話　（　　　）　E-mail

お名前　性別　年齢

ご職業

所属教派･教会名

出版案内　要　・　不要

キリスト新聞の見本紙　要　・　不要

このカードの情報は弊社およびNCC系列キリスト教出版社のご案内以外には用いません。
ご不要の場合は右記にてお知らせください。　・キリスト新聞社からの案内　要　・　不要
・他のキリスト教出版社からの案内　要　・　不要

ご購読新聞･雑誌名

朝日　毎日　読売　日経　キリスト新聞　クリスチャン新聞　カトリック新聞　Ministry　信徒の友　教師の友
説教黙想　礼拝と音楽　本のひろば　福音と世界　百万人の福音　舟の右側　その他（　　　）

お買い上げ年月日　年　月　日

お買い上げ書店名

市・町・村　書店

ご注文の書籍がありましたら下記にご記入ください。
お近くのキリスト教専門書店からお送りします。
なおご注文の際には電話番号を必ずご記入ください。

ご注文の書名、誌名　冊数

冊

冊

冊

教会は、そもそも、イエスに倣うならば、社会的底辺に置かれたり、苦しみの中にある人たちと連帯して、その解放をめざし共に生きるための、大切な場になるべきである。長い年月の、キリスト教の「罪や間違い」の真の総括すら行うことなく、伝道と宣教に力を入れろと言われても、社会の人たちにいったいどれほどピタッとくる対話をすることが出来るというのだろうか。大いに疑問である。

第二章では、「ハンセン病問題」や「生活保護問題」等の社会的課題そのものについて、その歴史から現在の状況までなるべく分かりやすく述べさせてもらいたい（筆者自身が、具体的・現実的な仕事や奉仕活動で関わってきていることである）。この二章だけでも、読んで頂く方々には、大切な参考資料となるのではないかと思う。大いに牧会や礼拝等で活用して頂き、それぞれの教会の個性に応じた実践へとつなげてもらえれば、幸いである。

第二章　現在の様々な社会的課題の中から二つの課題の現状

1　ハンセン病問題について

ハンセン病問題は、長い歴史をもっている。日本においても、鎌倉時代の『塵袋』という書物にも記されているほどなので、常に、ハンセン病の方々がどの時代にも存在していたことが分かる。口語訳聖書にも（イエスと出会い癒された人の中に）長らく「らい病」（と表記されてきた）人がいたが、最近では、「重い皮膚病」の人（新共同訳）という表記に変わっている。「らい病」という言葉は差別語なので「重い皮膚病」と変更された。当時も極めて疎外されていた人たちであったことが分かる。道路や神社や寺院の隅っこに、または村はずれに、数人ずつ集まっては物乞いをしたりしながら、雨露をしのぐようにして生きていた人たち。

がらっと変わったのは、明治時代に入ってからであった。日本は当時、「脱亜入欧」と言われるように、アジアからは脱して、欧米の仲間入りをもくろんでいた。そのようにして、日に日に欧米化する日本国内では、欧米から来た外国人も自由に動けるようになっていた。対外的体裁のみを重視する政府は、とうとう、「ハンセン病」ゆえに彷徨《さまよ》って生きる人たちを、「外観上良くない」「社会への感染防止」等の理由で、隔離することに踏み切った。これが、一九〇七年（明治四〇年）のことであり、「癩予防ニ関スル件」と言われる法律がそれである。この時は、主に、「放浪」している患者の人たちを収容することが主な目的であった（悪名高い「らい予防法」の原型）。

当時は、全国に五カ所の公立療養所が作られて、政府は、コレラ並みの恐ろしい病気だと喧伝したという。それを受けて、国民の側は、政府が法律を作ってまで隔離するくらいだから、よっぽど恐ろしい病気なんだろうと思うようになっていたという。

次いで、一九一六年（大正五年）には、各療養所の所長に、患者への「懲戒検束権《ちょうかいけんそくけん》」が与えられるようになる。一九〇七年以降、「放浪」するしか生きる術の無くなっていた患者の人たちを、無理やり収容して隔離してきたことに対して、患者の側からも異議申し立てや反発が多く出たことは、容易に推測出来る。政府は、それに対して、所長の「懲戒検束権」によって反抗する患者を監禁・減食出来るようにしたのである。ただでさえ病に苦しい思いをして、しかも、後遺症によって酷い差別をされてきている「患者」の人たちへの、治療という姿勢よりも、むしろ、あろうことか「取り締まる」という姿勢が強まった事柄である。

一九二九年（昭和四年）、公立療養所から国立療養所となり、国による更なる徹底管理下に置かれるようになる。

一九三一年（昭和六年）に、「癩予防法」が出来る。ここで、放浪患者の人たちだけでなく、全患者の隔離が規定された。軍部の力が強化される中、戦争を推進したり、労働力としての人的資源は、健康でなければならないとして、それ以外の人を排除する「優生思想」に基づき、全患者が隔離されるようになり、そして、「無らい県運動」まで始まることになる。それぞれの「県」という自治体から「らい（患者）」を無くしていきましょうという、今では考えられない運動で、これは、警察行政の中の一つとなっていた。

星塚敬愛園に入所されていたTさんは、らい予防法が廃止された時点では既に全盲となった高齢のご婦人であった。Tさんは若い頃、ご自身がハンセン病であることが分かってからは、自宅から二山も三山も越えた山奥にまで逃げて小さい掘っ建て小屋にひっそりと暮らしていた。しかし、ある時、そういう山奥まで警察官が探し当ててやってきて捕まえて、療養所に強制的に入所させたという。「予防法が廃止されたというのならば、国は、あの頃、患者を捕まえるのに要した情熱と同じ情熱で、一軒一軒を回って、謝罪するべきではないのか！」と、憤りの念を発しておられた。

戦後、国は、ハンセン病療養所の今後のあり方について、園長の中でも有力者の園長を三人、国会に呼んで証言させた。これが、有名な、「三園長の国会証言」といわれるものである。長島愛生園長・光田健輔医師、多摩全生園長・林芳信医師、菊池恵楓園長・宮崎松記医師の各氏は、国会で、「強制隔離すべき」と主張した。当時は既にプロミンという薬で病も治るということは十分分かっていたにもかかわらず、この国会証言で隔離政策の誤りを認めれば、園長は患者自治会の運動に屈することになるので強制隔離を主張したという、自己中心的理由であったことは、長い時間を置いてから判明することになる。

そのような「証言」に基づいて、一九五三年（昭和二八年）に新たに「らい予防法」が出来る。これまでの癩という漢字を「らい」というひらがなに変えただけのことで、依然、「強制隔離」「外出の制限」「懲戒検束権」は存在し、退所規定も全くなく、基本的人権の尊重を謳《うた》う新憲法が出来たにもかかわらず従来と同じであった。この時も、患者団体である全患協（全国国立らい療養所患者協議会）は、新たな「らい予防法」が出来ないよう反対するために、厚生省や国会周辺で座り込みやハンガーストライキ等を実施したが、三園長や与党の力に押し切られてしまった。園の方々が、しばしば言われることは、この時、即ち一九五三年段階で「癩予防法」が廃止されて、「らい予防法」などが作られていなければ、もっと若い時に社会に出て家庭を持って働いて生きることが出来たのに、ということである。

そして、ようやく、一九九六年に、「らい予防法」が廃止される。筆者も、療養所の人たちと一緒にその廃止を喜んだ者の一人だが、しかし、何かが違うのである。一〇〇年ほど閉じ込められて、園内では全く人間的な扱いをされず、首をつって死んだ寮友たちのこと、引き裂かれた親族のこと、辛かった様々な事柄が、療養所の人たちの胸の底からうごめいてくる。「これで予防法は廃止します」ということで全てが終わるというのなら、療養所で苦しんできた方たちは、まるで、「水の泡」のようなものでしかないではないか。

そのような「思い」ゆえに、全く謝罪もしない政府に対して、原告第一陣が立ち上がり熊本地裁に訴えた。療養所内の圧倒的な（裁判）反対の声の中で、第一陣は一三名（星塚敬愛園九名、菊池恵楓園四名）。その後、数百名の弁護団が結成され、原告になる人たちもどんどん増加した。

二〇〇一年五月一一日が、記念となる熊本地裁での、「勝訴の日」である。

園内でも裁判に対して、様々な動きがあった。「お金が欲しくて裁判するのだろう」「裁判が報じられたらまた身内が差別に遭う」「今、療養所で国のお世話になって暮らしているのに、その国を訴えるとは何事か」というようなことが主な理由だっただろうか、大多数の反対派によって、裁判に訴えた原告は、日々療養所の中で、いじめられ、脅され、からかわれてきたのは事実である。しかし、数百名にものぼる弁護団が結成され、それに心強くした療養所の人たちが、どんどん原告になっていった。また、療養所以外の人権団体・市民団体や職員組合等や一般の良識ある人たちのねばり強い支援等によって、明確に勝訴したのである。この「勝訴」は、苦しんできたどの元患者さんたちにとっても、「福音！」となったことは確かなことだと思う。

そして、もう一つ大事なことを記しておきたい。戦中から戦後、ハンセン病は「隔離の必要もない」「遺伝でもない」「治る病気だ」と主張していた医師がいたことである。小笠原登医師である。戦後、国会で三園長証言の一人として証言した光田健輔医師の影響力は大きく、小笠原氏は孤立を余儀なくされることになった。しかし、二〇〇一年の熊本地裁の判決は、長い時を経て、小笠原氏の主張の正しさを、認めたことにもなるのである。また、「らい予防法」が一九九六年という、つい最近廃止されたのにも（あまりにも遅くなったのにも）、理由がある。戦前から戦後、圧倒的な影響力をもった光田氏の弟子たちも各地の療養所で園長を務めていた。その園長たちが在職している限り、誰一人、若手から「らい予防法」への直接的な異論を述べることが出来ず、ようやく、園長たちが退職したり召されたりしてきて、ほとんど光田氏の影響が無くなったといえる時期に、光田氏が強力に推進した「らい予防法」を廃止することが出来るようになったという経緯があるのである。一人の人間を「偶像化」することの恐ろしさは、ここにもあるのではなかろうか。

二〇一六年、熊本地裁で、ハンセン病隔離政策によって偏見・差別被害を受けてきた元患者家族の方々（五六八名）が、「ハンセン病家族訴訟」を起こされている。国は「らい予防法による元患者の被害は認めるが、患者家族への被害は認めない」という主張をしている。しかし、元患者家族が村八分にされたり、様々な差別迫害を受けてきたことは歴然とした事実である。どうか、家族の方々の主張が認められ、解放への歩みが始まるよう心から祈りたい。

療養所の長い歴史の中では、多くのキリスト者たちが、職員として医師として「救癩《きゅうらい》」の情熱をもって取り組んできた。ところが、小笠原登医師のような人がいたにもかかわらず、そのような情熱が反面、悪法「らい予防法」を支えて推進してきた力にもなっていたことは、現在の私たちが直視するべき事柄である。キリスト者がキリスト者の思いや使命感をもって取り組むことではあっても、まず大切なことは、そこにいる「立場を小さく弱くされてきた人々」の「思い」や「歴史」を傾聴させてもらうことであり、それが第一になされなければならないということを、私たちは深く学ばなければならない。

2　生活保護問題について

生活保護の問題が、大きくクローズアップされる場合は、大体において「不正受給」の問題が明るみに出た場合である。確かに「不正受給」は良くないことである。しかし、「不正受給」以上に大きな問題なのは、保護受給の必要性があるのに受給出来ていない人たちが多いという問題である。マスコミは、その問題＝「漏給《ろうきゅう》問題」にはあまり触れたがらず、「不正受給」＝「濫給《らんきゅう》問題」には飛びついて即座に報道するのが一般的なようである。その結果、国民に、「生活保護」に対する「先入観」や「偏見」が与えられて、そして、「生活保護バッシング」へと向かっていく場合が多かった。

キリスト者は否応なく、個人的にも、または教会としても、生活保護に関する状況は、なるべく正確に捉えておくべき必要があると思う。先入観に煽られて、同じように「生活保護バッシング」しているようでは、社会の中における「教会」という立場をなくするようなものであると思うからである。

なるべく正確に知ればこそ、もし教会に、そういう立場の方が来られた場合、それゆえにこそ、行政や市民団体と連携して、その方自身を生かし得る道を模索することが出来るからである。教会で炊き出し等を行う場合においてもそのようなことは大事である。

生活保護は、憲法二五条の生存権に基づいて行われている最大のセーフティネットである。セーフティネットには、雇用保険や住居確保給付等も含まれるが、生活保護のセーフティネット力は最も大きなものである。「すべて国民は、健康で文化的な最低限度の生活を営む権利を有する。国は、すべての生活部面について、社会福祉、社会保障及び公衆衛生の向上及び増進に努めなければならない」（日本国憲法第二五条）ということを受けて、国からのお恵みではなくて、個人の権利とした点が戦前とちがい極めて画期的なことだといえる。ゆえに、今も、個人が役所の保護課か、もしくは福祉事務所に保護受給の「申請」を出す「申請主義」を取っている。

もちろん、そのことにも改良の余地があるのだが、ここでは具体的な数字で漏給と濫給の問題を比較検討してみたい。湯浅誠著『反貧困』（岩波新書、二〇〇八年）によると、二〇〇六年の全国での濫給は一万四六六九人であるのに対して、漏給は、六〇〇万人～八〇〇万人と述べてある。つまり、濫給が「一」に対して漏給が「四〇〇」という割合である。二〇一四年現在もほぼそれに近い推移であると思われる。それにしてもである。それにしても、「生活保護受給から漏れている人たちが六〇〇万人～八〇〇万人もいる」とは、どういうことなのであろうか。

ここでは、相対的貧困率ということで理解してもらいたい。相対的貧困率とは、所得を世帯人数に振り分けて高さ順に並べたときに真ん中の所得（＝中央値、二〇〇七年で二五四万円）を基準に、その半分（一二七万円）に満たない人が占める割合を示すものである（ＯＥＣＤの定義）。ちなみに二〇〇七年度の相対的貧困率は一五・七％（国民の七人に一人は相対的貧困層になる）。日本の場合、保護を受けられる人たち（相対的貧困層）の中で、実際に保護を受けている人たちの割合が、欧米に比べると非常に少ないという特徴があるのである。つまり、漏給問題とは、保護を受けるべき人たちを（受けさせずに）漏らしているということの問題である。

日弁連の調査によると、二〇一〇年段階で、保護受給の水準にあって受給出来ている人の割合は一五・三〜一八％（約二〇〇万人）だが、フランスでは、その割合は九一・六％にもなっている。保護受給の水準にあって保護受給している人の割合のことを、「捕捉率《ほそくりつ》」と言う。その捕捉率が、日本は、極めて低い様が見て取れる。逆算してみれば、一目瞭然。日本の補足率を分かり易く二〇％として、それが二〇〇万人ということならば、残りの八〇％の人たちが受給出来ずにいるということであり、右記のように、最大八〇〇万人の人たちが「漏給」の憂き目にあっているということになるのである。どんなに苦しい思いをして生きていることだろうかと思う。生活保護の人数が二〇〇万人を突破したと大騒ぎしているが、仮に日本が、フランス並みに捕捉率九〇％を実現するということになるならば、九〇〇万人の人に生活保護受給を認めなければならないということになるのである。

しかし、これは誇張した話ではなくて、国のあり方として、生活保護受給の捕捉率を今の二倍、三倍にする努力を政府に促すことや、まず、わたしたちの、大事な「祈りの課題」とするためにも、右の説明は、生活保護ということを理解するための助けになるだろう。

一つだけ付け加えるならば、昔は主たる生計維持者の「傷病」ということが主な理由であった「生活保護」も、現在は、「収入の減少や失業、高齢化」の割合が大幅に増えてきているのが現状である。働いて、頑張って暮らしているけれど、派遣やアルバイト等では到底生活を賄うことが出来ないという状況であることを、私たちは理解するべきである。決して怠けているのでもなく、仕事が嫌いでもないのである。

釜ヶ崎で労働者たちと共に生きておられる本田神父の礼拝の中での「主の祈り」には、次のような箇所がある。つまり、「わたしたちの日々の糧をきょうもお与えください」とあり、ミサのしおりの説明文には、「あわれみやほどこしではなく、自分で食べていけるように、今日の仕事を得させてください。はたらけなくなったときには、正当に福祉が適用されますように」とある。

働く意志はあっても、様々な理由で働けなくなった時、「すべて国民は、健康で文化的な最低限度の生活を営む権利を有する」という条文の如く、正当に福祉が適用されて、人間らしく生きることが出来ますようにと祈りたい。また、そのような社会や国になっていくための仕組みがきちんと整えられていきますようにと、個人としても教会としても、祈り続けなければならない。

いずれにしても、政府は、「捕捉率」を低く抑えるようにしてきた。北九州市で、「おにぎりが食べたい」とのメモを残して、餓死した人のニュースが今でも脳裏をよぎる。福祉事務所に相談に行っても、その窓口で断られるケース（漏給）が多いことの具体的・悲劇的事件である。生活保護を受けることは、国に迷惑をかけることであるとか、依存する癖が出来て怠けるようになるとか、「生活保護バッシング」の声も強い。そのような声に押されて、福祉事務所に行くのをためらったり、または、事務所の職員に屈辱的なことを言われたりして、申請すら出来ない場合が多いのである。そのように、事務所で追い返すことが、「水際作戦」と呼ばれてきた。苦しい生活をしてやっと福祉事務所（水際）にまでたどり着いて来たのに、そこで厳しく追及されて追い返される。捕捉率が低い理由である。水際作戦がモノを言ってきたのである。

また、生活困窮者自立支援法（二〇一五年四月施行）の成立によって、捕捉率を上げるどころか、もっと下げていくのではないだろうかと危惧する声を聞く。生活困窮者の悩みや問題を、ワンストップ的に解決していこうという趣旨（あちこちの部署や、役所以外の相談所に行かずとも、この部署で、様々な問題を受け入れて、それぞれの担当メンバーが対応していくという仕組み）は賛同出来ることである。しかし、あまりにも「就労支援」を強化することによって、「生活保護」というセーフティネットまで行き着かず、その前の段階で問題解決を図ろうとしているように見える。そのことを、「沖合作戦」と呼ぶ人たちもいるぐらいだ。

以上のように、現在、社会の仕組みの中で、構造的な貧困を余儀なくされている人たちや、その貧困の連鎖が危惧される子どもたちが存在する。どのようにすれば、そのような貧困の連鎖を断ち切り、困窮状態にある人たちを温かく包み込み、共に、人間らしく生きていけるようになるのだろうか？「疲れた者、重荷を負う者は、だれでもわたしのもとに来なさい。休ませてあげよう」（マタイによる福音書一一章二八節　新共同訳）という看板を見て、教会に来た人（生活困窮が主な原因ならば）に対して、教会はどのような対応をするのであろうか。対応の限度を決めていて追い返すのか。それとも、行政や市民団体等の社会資源との連携を通してその方の歩みを新たに作り出していこうと考えるのか。

いずれにしても、「牧師」という立場の人には、少なくとも生活保護の現状と、生活保護バッシングは根本的に間違いであるということへの認識の深さが求められているのは間違いないことではなかろうか。

補足　生活保護制度は、「生活扶助」「住宅扶助」「教育扶助」「医療扶助」「介護扶助」「生業扶助」「出産扶助」「葬儀扶助」の八つの項目からなる。その扶助額は、地域によって大きく異なる。東京近辺が最も高く、「生活扶助費」八万三七〇〇円、「住宅扶助費」が五万三七〇〇円で、計一三万七四〇〇円が、月々支給されている。しかし国は、二〇一三年度から段階的に「生活扶助費」を減らしてきている。しかも、今度は、「住宅扶助費」や「冬季加算」（冬場に暖房費用に加算される額）も、引き下げが検討されている状況であり、立場を小さく弱くされてきた人たちは、もっと苦しめられることになりそうだと危機感を感じている。ただでさえ、補足率二〇％と、生活保護を受ける資格のある人たちの二割しか受給出来ていないのに、今度は、その扶助費そのものを引き下げようというのである。政府の方針がどの方角を向いて行われているのかが、如実に現れているように思う。ちなみに、経団連は二〇一四年、政治献金を再開することを表明した。これまでもそうであったように、これからも政府は、経済界の意向に従うような政策を、次々と実行していくつもりなのであろうか。やるべきこと（例えば、補足率を三〇％↓四〇％↓五〇％というふうに拡大して、苦しむ人々を救済すること）をやらず、やらなくてもいいこと（武器輸出、原発輸出等）をやろうとする背景に、どす黒い利権と利得の闇の海が広がっていることを洞察せずにはおれない。

第三章　社会的課題に取り組む方々の具体的実践について

1　都内で牧会するA牧師への取材（二〇一四年一二月三日）

都内の教会で牧会するA牧師は、神学生の頃は、特にホームレス問題に関わりはなかった。その後、牧師となり、今から一〇年ほど前、教会の前に倒れていた一人の男性を介抱したことが、野宿者の問題に向き合うきっかけになった。男性は、松葉杖をついて具合が悪い様子。足の具合が悪いということで、脳梗塞を疑ったのは、かねてからこのような活動に奉仕している一人の教会員だった。それから、A牧師は、野宿者支援の活動に関わるようになる。

毎週水曜日二一時三〇分からは、池袋東口の公園から食べ物類を持って夜回り活動。そして、第二・第四土曜日の夜一九時には、その公園で炊き出しの配食を始める。そのような活動に従事しながら、池袋近辺で行路死された方々の慰霊祭を八月第二土曜日に、浄土真宗の僧侶と共に始められた。キリスト教式の賛美歌や聖書、そして、仏教式のお経が唱えられて参加者たちは焼香して召された方々を偲ぶという（宗教者が、このような活動に関わりを持つとき、どうしてもそのような慰霊祭にまで行き着くのではないだろうかと、深く思わされた。みんなで慰霊祭を催すことは大変貴重なことだと思う）。

このような活動に関わっていると、それを通して、在日の青年と出会ったり、いろいろな方々と出会う恵みがあると言われる。また、「キリスト教は、貧しくされた者と共に歩むという、そこに立つ意識が大切」と熱く語られ、そして、野宿者の方々との関わりの中では、「むしろ自分の方が励まされている」と実感をもって語られる。また、「様々な事情ゆえに主日礼拝の説教の中では、支援活動について詳細に語ることは多くはない。だが、公同の祈りの中では、必ず、貧しく小さくされてきた方々のための祈りは欠かさない」と言われる。

A牧師にお話を伺いながら、苦悩する人たちと共に歩むことの困難さということも改めて思わされた。

2　市川ガンバの会理事長・副田一朗氏への取材（二〇一四年一二月九日）

一九九七年に、千葉県市川市の日本バプテスト連盟市川八幡キリスト教会牧師であった副田一朗氏や教会メンバーを中心にして、ホームレス自立支援の市民団体としてＮＰＯ法人「市川ガンバの会」は誕生した。路上生活支援・自立支援相談・シェルター等の一一項目にも及ぶ支援活動に、きめ細かく取り組んでおられる。

その副田氏への聞き取り調査を通して感じたことをレポートしていきたい。

現代は、「関係性崩壊の時代」なので、相談できる相手がおらず孤立化している人たちを再構築し、「絆」を作る社会作りを目標としたいと副田氏は述べておられる。北九州市で牧師をしていた頃、教会の周りに野宿者がいるのに、「放っておく私たちは何だろうか？」と思い始め、「教会が、（貧しい人や家がない人たちを受け入れないという）カベを作ってきたのではないのか」と疑問を感じたという（これはあらゆる教会の課題であり続けていると思う）。ある寄せ場地域にある教会では、門を締め切ってクリスマス会を行っているところもあったが、やはり社会において教会はハイソサイエティと思われている面があるのではないかとも言われる。

筆者も、大阪の釜ヶ崎地域や横浜の寿地域で、炊き出しや夜回りなどの支援奉仕をさせてもらったことがある。寄せ場地域では、様々な宗教団体が支援事業を行っている。キリスト教の人たちも多いのであるが、その中の教派によっては、一時間ほど牧師の説教を聞かせてから「食べ物」を配るというやり方をしている人たちもいる。私が疑問を持っていたことの一つであるが、例えば、「食べ物」を最初にお配りして、その後、「もしよろしければ話を聴いてください」という呼びかけをして説教すればいいのではないか（もちろん、そうすれば、寒い中を残って聞こうという人はほんの僅かだろうが、それでいいと思う）。

そのような考えを副田氏にぶつけてみた。副田氏は、それに同感し、「イエスの福音には条件はないはずだ」と応えられ、「私たちはイエスを伝えるというよりも、イエスを探していくことが大切なのではないのか」と言われた。また、「教会の人たちも社会の人たちも、みんなが勝者の側に立ってものを考えるようになっている。だからこそ、路上生活の現場に学びに行く必要があるし、また、単一の教会での支援には限界があるので、社会団体（社会資源）との連携によって、市民活動をしていくことが大事なことである」と述べられた。

ルカによる福音書二章八～一三節では、キリストの誕生は、まず、野宿して暮らす羊飼いたちに告げられているが、その意味は大きい。私たちは、七十人訳ギリシャ語聖書で、「メタノイア」（視点を変える）と訳された原語ヘブライ語「ナハム」に注目する必要があるだろう。その意味は、to have compassion、つまり、「痛み・苦しみを共感する」ということである。勝者の側に立って物事を見るのではなくて、少なくともイエスの福音の出来事に感動して教会に集う私たちは、立場を小さく弱くされてきた方々の側に視点を移して（痛みを共感して）、社会や教会のあり方を見つめなおさなければならないと思う。そして私たちはいかなる歩みを為していけばいいのか、祈り求める以外にない。

A牧師も副田氏も、対話させてもらって大変熱い思いをひしひしと感じさせられた。A牧師は、関わる市民団体を通して、様々な立場の方々と出会ったり、新しい支援のスタイルを生み出したりして活動を広げておられるし、また、副田氏は、NPO法人を立ち上げてから、この活動をやればやるほど、支援者がきめ細かくケアしていかなければならない事柄に気づかれて、それを一つひとつ具現化してきておられる。まさに、メタノイアした方々の貴重な視点と活動であり、これから、様々な教会におけるメッセージや講演等を通して、告げ知らせていってもらいたいと願うばかりである。副田氏や A 牧師、そして、お二方を支えて共に活動されている方々のご健康と、ご健闘を主のみ名を通して、お祈りさせていただきたい。

第四章　イエス・キリストによって導かれる教会形成とは

1　聖書より

①マタイによる福音書一〇章四二節

「この小さくされた者のひとりを、わたしの弟子とみとめて、よく冷やした水一杯でもさしだす人は、はっきり言っておくが、わたしの弟子であるその小さくされた者と同じむくいを受けるのである」（本田訳聖書）

社会的立場の強いものではなくて、ここでは、小さく弱くされたものを選び取る姿勢が描かれている。本田訳聖書の小見出しには、「小さくされた者への尊敬をこめた連帯が、神の国のいのちを共有させる」とある。立場を小さく弱くされて苦労してきた方々は、一般的には見下げられる対象にはなっても、敬意をもって接せられることは少ない。しかし、神は、そのような方々を大切にし、その連帯を通して、神の国を実現していきなさいと言われている。

②申命記七章六〜八節

「あなたは、あなたの神、主の聖なる民である。あなたの神、主は地の面にいるすべての民の中からあなたを選び、御自分の宝の民とされた。主が心引かれてあなたたちを選ばれたのは、あなたたちが他のどの民よりも数が多かったからではない。あなたたちは他のどの民よりも貧弱であった。ただ、あなたに対する主の愛のゆえに、あなたたちの先祖に誓われた誓いを守られたゆえに、主は力ある御手をもってあなたたちを導き出し、エジプトの王、ファラオが支配する奴隷の家から救い出されたのである」（新共同訳）

イスラエルの民が、バビロンの捕囚を経験し、その後祭司たちによって原申命記に修正増補されたのが申命記である。ここにも、明確に神の選びの理由が述べてある。他のどの民よりも強力だったからではなく、逆に、貧弱だったから神は選び、そして奴隷の家から救い出したのだと述べられている。これが、神さまのなさる御業である。このイスラエルの民に、教会や教会員そのものを重ね合わせて考える習慣がついている私たちは、神の選ぶ民という視点（社会の中における「弱者」とは、という視点）で、この聖句を読むことが出来るのではないのだろうか。

③ローマの人々への手紙一二章一五〜一六節

「喜ぶ人とともに喜び、泣く人とともに泣きなさい。思い上がることなく、互いに思いを一つにし、

小さくされた仲間とあゆみをともにするのです。自己中心になってはいけません」（本田訳聖書）

この聖句も、人口に膾炙《かいしゃ》している聖句である。とりわけ前半の、「喜ぶ人とともに喜び、泣く人とともに泣きなさい」は、あらゆる場所、職場、年齢に受け入れられる言葉ではなかろうかと思う。教会においても好まれる聖句だが、それは、その場面の「内側」での人間関係に限定されて使われている場合が多いのではないだろうか。グループ内（教会内）の人の喜びは全員の喜びであり、悲しみは全員の悲しみであるというように。しかし、神は、小さくされた仲間とあゆみを共にしなさいと命じている。新共同訳では「身分の低い人々と交わりなさい」となっている。教会外における、「泣く人々」とは、どういう人たちのことなのか、そのような人々と共に泣く「教会」となっているのか、そのことが鋭く問われ、そして、教会の姿勢が問われる、極めて厳しい聖句であるというのが本当のことではないだろうか。

④イザヤ書五三章二～五節

「見るべき面影はなく／輝かしい風格も、好ましい容姿もない。彼は軽蔑され、人々に見捨てられ／多くの痛みを負い、病を知っている。彼はわたしたちに顔を隠し／わたしたちは彼を軽蔑し、無視していた。彼が担ったのはわたしたちの病／彼が負ったのはわたしたちの痛みであったのに／わたしたちは思っていた／神の手にかかり、打たれたから／彼は苦しんでいるのだ、と。彼が刺し貫かれたのは／わたしたちの背きのためであり／彼が打ち砕かれたのは／わたしたちの咎のためであった。彼の受けた懲らしめによって／わたしたちに平和が与えられ／彼の受けた傷によって、わたしたちはいやされた」（新共同訳）

この聖句も、有名な聖句であり、やがて来るべきキリストの預言がなされていると言われる場合も多い。いずれにしても、その聖句が、多くの人たちを引き付けて止まないのは、多くの人たちが、そこに、自分自身そのものの経験（または一部分でも）をそこに重ねて読むことが出来るからであろうか。あるいは、そこに、この世とは正反対の価値観を見て、引き付けられるのであろうか。多くの教会でも語られてきているこの聖句も、ひとえにキリストのことであり、そしてそれに従う我々教会員のことを表現している聖句であると自己理解する人たちも多いことであろう。しかし、それはそれとしても、このイザヤ書五三章を引用する方々は数え切れないほど多いのに、どうして、社会の中で軽蔑され痛みを負い、病を知っている人たちの側に寄り添おうという人たちは少ないのだろうかと、いつも、思わせられるところである。この聖句や、聖書への根本的な接し方が問われているのかもしれない。

2　イエス・キリストによって導かれる教会形成とは——社会の苦痛と共に歩む「教会」をめざして——

犬養光博氏[7]は、福岡の筑豊に赴任する際に知り合いの信徒から教わったこととして、伝道者の野沢治作氏についてテレビ番組で語っている（NHK「こころの時代～筑豊に『隣人』ありて～」、二〇一四年五月放送）。野沢氏は、説教はせず、困難な状態にある人とともにいて、その話に熱心に耳を傾けたという。伝道者は伝道のために来るのが通常であろう。しかし犬養氏は、人々の言葉を聞くために来たという野沢氏の生き方を、あるべき伝道者の姿であるとする。物事の見方が、一八〇度逆転している。教会が社会的存在であることの一つの表れとしての姿勢ではないだろうか。

バプテストに限らず、多くの教派や宗教は、教勢拡大という方向性の中で今日まで来ている。多くの人に福音の光を届けるという目標を第一に掲げてはいるものの、バプテストのように自己資金で運営しなければならない団体は、現実的な財政の問題とも重なっているのは事実である。

本章1では、聖書の箇所を引用したが、旧約においても新約においても、神さまが選ぶ人々は、立場を小さく弱くされてきた人々といえるだろう。そのような方々を通して、神の思いが表れてくる。強制収容・隔離されて強制労働を強いられてきた元ハンセン病の方々は（手当てをしてもらう）「患者」という立場ではなく、人間以下の存在として死滅する方向に歩まされてきた。また、非正規等の低賃金で生活が困窮する人たちの割合は多いにもかかわらず、最低生活を保障するためのセーフティネットにすら頼ることが出来ず苦しむ人々の群れがある。本書では、この二つの領域の方々について触れさせてもらった。世の中には、そのようにして立場を小さく弱くされてきた人々がいるにもかかわらず、政府の宣伝や言い分の方が強く報道されて、そういう方々のことが真に国民に伝わっていないので、あえて本書に書かせてもらった次第である。

ではどうするのか？　教会が、社会的事柄と関わりながら生きていくために、これといった絶対的方法などは、もちろんありはしない。例えば、教会に、障がいのある人が通っているかいないかということだけで、その教会の「障がい者」への見方が違ってくるように、最終的には「教会」そのものの主体的な意志がなければ、そのような教会になっていくことはないだろう。しばしば、様々な教会で行われてきている「炊き出し」や「夜回り」等の、一般的な支援をすることが、生活困窮者問題を解決する唯一の方法のように思われたりすることもある。しかし、どこの教会でもいきなり、そういう行動は出来ないだろうし、また、炊き出しを行っている教会の方々の「疲れ」の問題ということなども学習していく必要があると思っている。少なくとも、関心の無い人たちに縄紐をつけてでもそっちの方へ引っ張っていこうというようなことは考えていない。

聖書の神が示す、私たちの在り方や、教会の在り方はどのようなものなのか。現実的な教会会計収支という部分も、私たちの行動を左右する重要な要素となっている。だが、やはり、最も大事なことは、大きな教会であれ、小さな教会であれ、それを含む社会の中には、底辺で苦しみながら生きている方々が沢山おられるという現実を深く知っていくことではないだろうかと思う。

自分たちだけが神さまに愛されているという誤解を解いて、世の全て、とりわけ、貧しく小さくされてきた方々にこそ神さまからの力が働くのであるということを、新たに信じて生きていくことではないだろうか。教会のもつ、ある種の独善性を無くして、社会の中にある「教会」であるというように、相対化して考えることが出来るようになることが、大事なことである。

第二章の、ハンセン病問題や、生活保護の問題、それらのことを知っていくことは、今すぐに、どの教会でも出来ることである。まず学習を深めて、それから、具体的な行動を模索していけばいいと思う。真に、キリストによって形成されていく教会ならば、利己的な教会としてではなく、広く社会に開かれて歩んでいく教会として導いてもらうよう祈りたい。（注意点：炊き出しや夜回り活動は、あくまでも「緊急避難的」な行動である。目的は、誰も野宿しなくてもいいような社会保障が整備されることである。野宿者や生活困窮者たちは、キリスト者の奉仕の喜びのために存在しているのではないのである。）

「教会」そのものが、立場を小さく弱くされてきた方々が「生きること」を支持（支援）する母体となりうるような（それぞれの教会での具体的対応は違うが）「場」となることが、イエス・キリストに導かれる「教会形成」（共に「解放」されていく）ということの意味なのではなかろうか、と思う。

同じことを別の言い方で表現するならば、教会は、イエスの福音の出来事に感動した人々の集まる「場」であるので、社会構造の中の様々な原因・理由で痛み苦しみ、苦難の状態にある人たちがいるのに、自分たちだけの「救い」ということを考えていけばいいというような「場」ではないはずだ。教会であろうがなかろうが、社会の多くの民衆は、現代社会の「構造的暴力」の中にさらされて抑圧され痛みながら生きているのである。そのようなことを今後とも問い続けて関わり、実践するキリスト者であることは、「御国《みくに》（解放と平和と喜びの世界）を来たらせたまえ」と祈る信仰の過程における明確な「証」ではなかろうか。

注

（1）星塚敬愛園　鹿児島県鹿屋市星塚に一九三五年創立された国立ハンセン病療養所。全国に国立一三園、私立二園の計一五療養所ある中の一つ。三七ヘクタールほどの広さを持つ。

（2）「時の響きて」　一九九六年にらい予防法が廃止されたが、廃止の通告のみで、政府から療養所の方々への謝罪も何も無かった。そのような折、療養所内に沸々と沸きあがっていた思いを一つの詩にさせてもらった（巻末参照）。

（3）釜ヶ崎　日雇い労働者たちの集まる寄せ場として、東京の山谷、横浜の寿と共に知られている。大坂市西成区にある。多くの労働者が暮らし、簡易宿泊所も多い。

（4）本田哲郎神父　カトリック司祭。フランシスコ会の日本管区長を務めて後、一九九一年から釜ヶ崎で暮らし始め、労働者たちに学びながら聖書の個人訳（『小さくされた人々のための福音』『パウロの書簡』）ほか多数の書を出している。また、『聖書　新共同訳』が作られる時、カトリック側を代表する翻訳委員の一人でもあった。

（5）マタイによる福音書二五章四〇節「はっきり言っておく。わたしの兄弟であるこの最も小さい者の一人にしたのは、わたしにしてくれたことなのである」（新共同訳）

（6）押田成人神父　カトリック司祭。ドミニコ会。一九六四年より長野県諏訪郡富士見町に、自給自足の修道の場「高森草庵」を作り始める。そこの七つほどの家のほとんどは、地元の人々から提供されたものを作り直したものである。九〇年代に筆者も一〇日間ほど修道させてもらった。標高一〇〇〇メートル地点の冬は厳しく、湯たんぽ一つで寝るのも大変だった。また、押田神父や来庵者・他の修道者たちと語らったり、早朝祈祷をしたこと等は思い出に残っている。一九八一年には、「国際宗教者の集い＝九月会議」を草庵で主催し、その模様はＮＨＫ「宗教の時間」でも同年一〇月に放送されている。

（7）犬養光博牧師　日本基督教団補教師。一九六五年、福岡県筑豊に福吉伝道所を開設する。カネミ油症事件や指紋押捺拒否闘争に関わる。二〇一一年同伝道所を退任。

おわりに

本書は、東京バプテスト神学校神学専攻科の二〇一四年度の卒業論文として書いたものに加筆訂正して、冊子としてまとめたものである。

本書は、教会は敷居が高いと思っている人々が多いという現実的状況を述べることから始め、教会は「社会的存在」なのではないのかという問いかけと共に、実際それを実践されている先輩の方々の事例を紹介して、イエス・キリストによる教会形成とは何かを問うたものである。

プロテスタント・カトリックを問わず、経済的中流層以上がその多数を占める教会では、その人たちを中心にした宣教や伝道が行われてきたのは否定し難いことである。そして、これからもそのような姿勢でいくのか、それとも、新たに深まった視点を見出しながら歩いていくのかということで、今後の教会の歩みは全く質的にも違ったものになるような気がする。

私が本書で述べていることは、そういう意味では、（教会の中では）極めて少数者の声を代弁しているものにすぎないのかもしれない。しかしながら、本書で選ばせてもらった聖書の言葉は、神さまの選びの本質を表しているものである以上、教会が心を砕いていく必要に迫られているのは言うまでもないことだと思う。

現代社会で、「構造的暴力（＝抑圧・差別・貧困等）」と言われるものに対する学習・取り組みが、これからの「全ての教会」の極めて重要な課題になってきている。これは真の平和を創るための時の徴《しるし》である。

「神の国」（「解放と平和と喜び」の社会、ローマの人々への手紙一四章一七節　本田訳聖書）実現を祈りながら、現実的にも私は、微力ながら行動に表して、神さまの恵みに応答出来るような者であることを願いつつ、社会の苦痛と共に歩む「教会」ということを問い続けていきたい。

最後に、このブックレットは、私が関わり学ばせてもらってきた星塚敬愛園の方々、及び、寄せ場などでの炊き出しや夜回り、福祉事務所等の当事者の方々への、大切な「返礼」の一つである。教会の方々やその他の方々に少しでも伝えられるよう筆力の限り書かせてもらった。

教会には、長い年月「信仰」を守ってこられたご年配の方々をはじめ、新しく通い始めた方々もおられることだろう。戦前においても、全ての教会で「祈りの大切さ」が教えられてきた。それにもかかわらず、軍部や軍国主義に全面的に協力してきたという暗く苦い経験を教会は持っている。そこに欠けていたのは、教会の「見張り役」的視点である。戦後、多くの教会ではどうだろうか？　社会の物質的繁栄の中でそのことを忘れ去っている教会も多いのではなかろうか（牧師など指導者たちの「責任」はないのだろうか）。

教会は、一人ひとりの霊性を整え、自らのことを振り返り、神さまに祈るという「魂の救いと癒し」の場であると共に、旧約の預言者たちのように、現在起きている人権問題・原発問題・憲法問題などに対する「見張り」の役割も担っている存在である。「信仰」と「社会（政治）問題に取り組むこと」は別々のことではなく、「一つのこと」だと思う。日本の教会が、現在の社会状況を学習し、痛み苦しむ当事者の方々の声を直接聴く機会を増やしつつ、その「解放」のために連帯し、祈り、発言し、（年齢や体調に応じて）行動することは、まさに、イエスがしてきたことであり、この世で痛み苦しみながら生きてきた方々のみならず、教会信徒にとっても「解放」への道となるのではないだろうか。

「わたしの選ぶ断食とはこれではないか。悪による束縛を断ち、軛《くびき》の結び目をほどいて／虐《しいた》げられた人を解放し、軛をことごとく折ること。更に飢えた人にあなたのパンを裂き与え／さまよう貧しい人を家に招き入れ／裸の人に会えば衣を着せかけ／同胞に助けを惜しまないこと。そうすれば、あなたの光は曙《あけぼの》のように射し出で／あなたの傷は速やかにいやされる。あなたの正義があなたを先導し／主の栄光があなたのしんがりを守る」（イザヤ書五八章六～八節　新共同訳）

参考文献（影響を受けた文献）

青野太潮著『パウロ　十字架の使徒』岩波書店、二〇一六年
荒井献ほか著『総説　新約聖書』日本基督教団出版局、一九八一年
石川逸子詩集『千鳥ヶ淵へ行きましたか』（増補）花神社、一九九五年
石田友雄ほか著『総説　旧約聖書』日本基督教団出版局、一九八四年
石牟礼道子著『苦海浄土　わが水俣病』講談社、一九六九年
市場淳子著『ヒロシマを持ちかえった人々』凱風社、二〇〇〇年
糸賀一雄著『福祉の思想』NHK出版、一九六八年
犬養道子著『個人と国と国際と』岩波書店（ブックレット）、一九九〇年
犬養道子著『人間の大地』中央公論社、一九八三年
犬養光博著『繁栄を支えた人々』カトリック部落問題委員会、一九九五年
いのちのことば社出版部編『子どものとき、戦争があった』いのちのことば社、二〇一一年
茨木のり子詩集『鎮魂歌』童話屋、二〇〇一年
リヒャルト・フォン・ヴァイツゼッカー著、永井清彦訳『荒れ野の四〇年』岩波書店（ブックレット）、
一九八六年
ウィリアム・ウィリモン著、越川弘英・坂本清音訳『牧師』新教出版社、二〇〇七年
上野正子著『人間回復の瞬間《とき》』南方新社、二〇〇九年
上野政行著『歌集　川の瀬の音（上・下）』自費出版、二〇一六年

上村静著『宗教の倒錯』岩波書店、二〇〇八年
NHK「地球データマップ」制作班編『NHK地球データマップ』NHK出版、二〇〇八年
NCC部落差別問題委員会編著『いばらの冠』、二〇〇〇年
大貫隆著『聖書の読み方』岩波書店、二〇一〇年
小笠原亮一著『共に在ること』日本基督教団出版局、一九八二年
押田成人著『地下水の思想』新潮社、一九八六年
押田成人著『祈りの姿に無の風が吹く』地湧社、一九八五年
押田成人著『漁師の告白』思草庵、二〇〇三年
片岡弥吉著『日本キリシタン殉教史』時事通信社、一九七九年
加藤周一著『学ぶこと思うこと』岩波書店（ブックレット）、二〇〇三年
姜尚中著『在日』講談社、二〇〇四年
北村慈郎著『自立と共生の場としての教会』新教出版社、二〇〇九年
グスタボ・グティエレス著、日本カトリック正義と平和協議会訳『解放の地平をめざして』新教出版社、一九八五年
旧約聖書翻訳委員会訳『旧約聖書Ⅲ預言書』岩波書店、二〇〇五年
国立療養所星塚敬愛園自治会誌『姶良野』二六六号、二六九号、三三四号
佐藤研著『聖書時代史　新約篇』岩波書店、二〇〇九年
信太正道著『最後の特攻隊員』高文研、一九九八年
白井康彦著『生活保護削減のための物価偽装を糾す！』あけび書房、二〇一四年

鈴木正久著『喜びの日も涙の夜も』新教出版社、一九九五年
グレン・H・スタッセン、デービッド・P・ガッシー著、棚瀬多喜雄訳『イエスの平和を生きる』いのちのことば社、二〇〇四年
『世界』主要論文選編集委員会編『「世界」主要論文選』岩波書店、一九四六年～一九九五年
関田寛雄著『「断片」の神学』日本キリスト教団出版局、二〇〇五年
高柳富夫、禿準一編『聖餐 イエスのいのちを生きる』新教出版社、二〇〇八年
田川建三著『イエスという男』三一書房、一九八〇年
谷昌恒著『教育の心を問いつづけて』岩波書店（ブックレット）、一九九一年
谷昌恒著『森のチャペルに集う子ら』日本基督教団出版局、一九九三年
池明観著『人間的資産とは何か』岩波書店、一九九四年
池明観著『韓国と韓国人』アドニス書房、二〇〇四年
池明観著『境界線を超える旅』岩波書店、二〇〇五年
出村彰監修、バプテスト史教科書編纂委員会編『見えてくるバプテストの歴史』関東学院大学出版会、二〇一一年
暉峻淑子著『豊かさとは何か』岩波書店、一九八九年
東方敬信著『文明の衝突とキリスト教』教文館、二〇一一年
内藤新吾著『原発問題の深層 一宗教者の見た闇の力』かんよう出版、二〇一七年
日本カトリック部落問題委員会編著『今イエスがこられたら』、一九九五年
日本カトリック部落問題委員会編著『貴と賤』、一九九四年

日本戦歿学生手記編集委員会編『きけわだつみのこえ』東大協同組合出版部、一九四九年
日本バプテスト連盟編『キムがキムとして』ヨルダン社、一九九八年
日本バプテスト連盟ホームレス支援特別委員会編『「ホームレス」と教会』、二〇一〇年
マルゲリート・ハーマー著、村岡崇光訳『折られた花』新教出版社、二〇一三年
原井一郎著『苦い砂糖』高城書房、二〇〇五年
『ハンセン病をどう教えるか』編集委員会編『ハンセン病をどう教えるか』解放出版社、二〇〇三年
福井達雨著『見えない言葉が聞こえてくる』いのちのことば社、二〇一一年
福地曠昭著『燃える海　輸送船富山丸の悲劇』海風社、一九八九年
福安和子著『絵本　時の響きて』自費出版、二〇〇二年
O・ブルーダー著、森平太訳『嵐の中の教会』新教出版社、一九八九年
北条民雄著『いのちの初夜』角川書店、一九五五年
本田哲郎著『イザヤ書を読む』筑摩書房、一九九〇年
本田哲郎著『釜ヶ崎と福音』岩波書店、二〇〇六年
本田哲郎著『聖書を発見する』岩波書店、二〇一〇年
本田哲郎著『続・小さくされた者の側に立つ神』新世社、一九九二年
本田哲郎著『小さくされた人々のための福音』新世社、二〇〇一年
本田哲郎著『パウロの書簡』新世社、二〇〇九年
前島誠著『うしろ姿のイエス』玉川大学出版部、一九八一年
松下竜一著『暗闇に耐える思想』花乱社、二〇一二年

マリア・アントニア・マルケス、中ノ瀬重之共著、大久保徹夫・小井沼眞樹子共訳『喜んであなたのパンを食べなさい』ラキネット出版、二〇〇九年
宮里良子著『生まれてはならない子として』毎日新聞社、二〇一一年
宮田光雄著『若き教師たちへ』岩波書店（ブックレット）、一九八三年
宮田光雄著『大切なものは目に見えない』岩波書店（ブックレット）、一九九五年
宗像基著『聖霊に禁じられて』今日の話題社、二〇〇一年
宗像基著『特攻兵器　蛟龍艇長の物語』社会批評社、二〇〇七年
村岡崇光著『私のヴィア・ドロローサ』教文館、二〇一四年
八木誠一著『イエス』清水書院、一九六八年
八木誠一、滝沢克己編著『神はどこで見出されるか』三一書房、一九七七年
八尋光秀著『障害は心にはないよ社会にあるんだ』解放出版社、二〇〇七年
山我哲雄著『聖書時代史　旧約篇』岩波書店、二〇〇八年
山下肇著『学徒出陣五十年』岩波書店（ブックレット）、一九九三年
湯浅誠著『本当に困った人のための生活保護申請マニュアル』同文舘出版、二〇〇五年
弓削達著『歴史的現在をどう生きるか』岩波書店（ブックレット）、一九九二年
横浜市寿支援者交流会編著『第二五次寿越冬ノート』、一九九九年
米山俊直、我妻洋著『偏見の構造』ＮＨＫ出版、一九六七年
渡辺英俊著『解放の神学をたずねて』新教出版社、一九八八年
渡部良三著『小さな抵抗』シャローム図書、一九九四年（二〇一一年岩波書店から）

「時の響きて」（聞き書きによるバラード）

作詩　鶴ヶ岡　裕一

1　「らい予防法」によって　私たちは　強制的に　ここに　連れてこられた
天刑病と恐れられ　家族から引き裂かれ　ここに連れてこられた
残された家族にしても　世間に嫌われ暮らすこともできず　バラバラにされた
移りゆく季節の中で　どれだけ夢を見たでしょう　故郷の空を　どれだけ飛んだでしょう

2　仲間は首をくくり　栄養失調になり　次から次へと　死んでゆく
何故こんな目にあうのか　訳もわからず　園内で火葬にされてゆく
決して浮かばれずに　漂う声は　今　私の耳に　聴こえてくる
移りゆく季節の中で　どれだけ夢を見たでしょう　故郷の空を　どれだけ飛んだでしょう

〈語り〉親類・身内に　差別迫害が及ぶのを恐れ　偽名で過ごさねばならなかったこの生涯　死ぬときも
偽名なのです　仲間が死んで　それを仲間の手によって火葬され　遺骨になっても　故郷へは
帰れません

3
世間でも　療養所でも　辛い日々　私たちが何の　悪いことをした
隔離され　消毒をされ　偽名にされて　仲間の看病と　重労働の日々
過去を消され　未来を奪われ　誇りを奪われ　人として生きる　道程（みち）を閉ざされた
移りゆく季節の中で　どれだけ夢を見たでしょう　故郷の空を　どれだけ飛んだでしょう

4
「らい予防法」が　廃止された今　この空白の　九十余年
一体何だったのかの　思いだけが　時の響きて　こみあげる
子もなく　孫もなき　この身をば　時の響きて　奮わせる
移りゆく季節の中で　どれだけ夢を見たでしょう　故郷の空を　どれだけ飛んだでしょう

〈語り〉父の家にいたら　見ることもない夢を　どれだけ見たことでしょう
故郷の空を　どれだけ飛んだでしょう
人が生きることの意味を　教えて下さい　私たちの人生を語ることによって
我らは業病にあらず
あなたと同じ「心」を持つ人なのです
移りゆく季節の中で　どれだけ夢を見たでしょう　故郷の空を　どれだけ飛んだでしょう

一九九六年の「らい予防法」廃止の翌年九七年にこの詩を書きました〈当時、北九州市を拠点にして西日本各地でヒューマンコンサートをされていた「願児我楽夢（がんじがらめ）」さんに、詩を送り、その後、六カ月ほどメンバー同士でハンセン病問題を学習しながら曲を作ってもらいました〈山中貢氏作曲、歌はCD『心Ⅱ』に収録〉。現在、それぞれの仕事を定年退職後も、学校や市民団体などでコンサート活動を継続されています〉。一九九八年からハンセン病国賠訴訟が起きて二〇〇一年には勝訴、ハンセン病政策について政府の間違いや国会の間違いが、裁かれました。

また、二〇一六年からは、ハンセン病家族訴訟が熊本地裁で起きています。元患者のみならずその家族も、らい予防法の下、様々な村八分に遭い、息を潜めるようにして生きてこざるを得ませんでした。この訴訟でも、家族の主張が認められ国は謝罪するべきだと思います。元患者もその家族も、人間として解放されていきますようにと、祈らざるをえません。

著者紹介

鶴ヶ岡裕一（つるがおか　ゆういち）

1958年　鹿児島県生まれ
1981年　日本福祉大学社会福祉学部社会福祉学科卒業（昼間4年間）
2015年　東京バプテスト神学校本科・神学専攻科卒業（夜間5年間）
（現在、教育・福祉現場で勤務し学びつつ、牧師として奉仕（赴任）教会を模索中）

装丁：長尾　優
編集協力：森島和子

社会の苦痛と共に歩む教会をめざして
——イエス・キリストによって導かれる教会形式とは——

2018年9月30日　第1版第1刷発行

著　者　鶴ヶ岡　裕　一
発行所　株式会社　キリスト新聞社
出版事業課
〒162-0814　東京都新宿区新小川町9-1
電話03（5579）2432
URL. http://www.kirishin.com
E-Mail. support@kirishin.com
印刷所　モリモト印刷

ISBN978-4-87395-746-3　C0016（日キ販）　Printed in Japan